Impressum
Verlag: BABADADA GmbH, Nedderfeld 112 , 22529 Hamburg
Geschäftsführer / Verlagsleitung: Harald Hof
Druck: Books on Demand GmbH, In de Tarpen 42, 22848 Norderstedt

Imprint
Publisher: BABADADA GmbH, Nedderfeld 112 , 22529 Hamburg, Germany
Managing Director / Publishing direction: Harald Hof
Print: Books on Demand GmbH, In de Tarpen 42, 22848 Norderstedt, Germany

sekolah

المدرسة

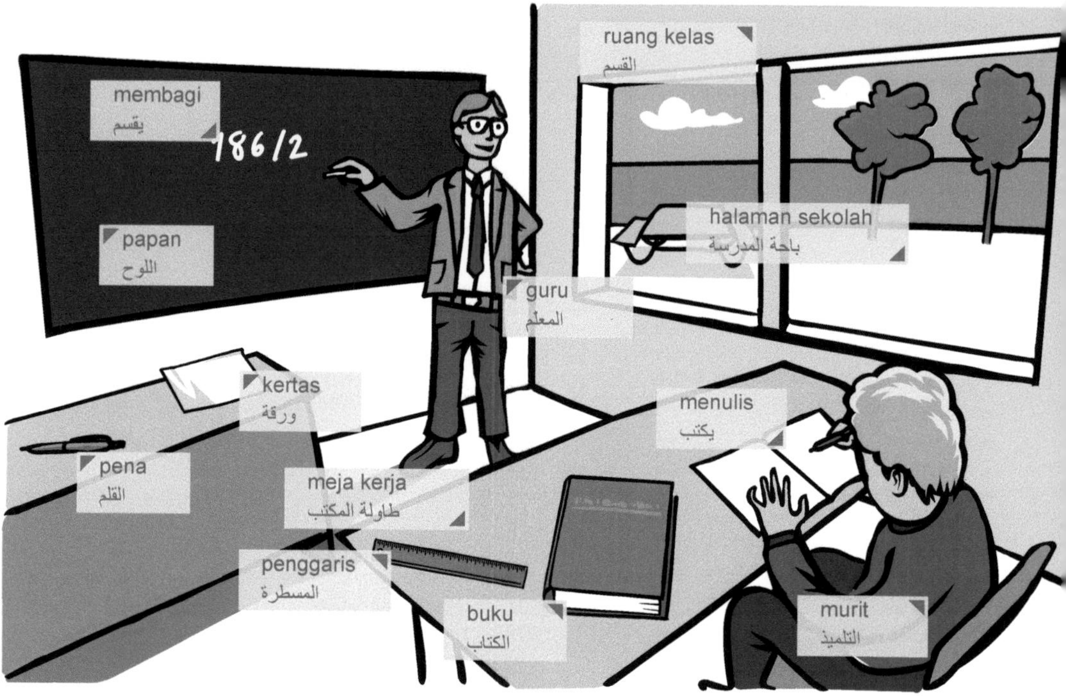

membagi
يقسم
186/2
ruang kelas
القسم
papan
اللوح
halaman sekolah
باحة المدرسة
guru
المعلّم
kertas
ورقة
menulis
يكتب
pena
القلم
meja kerja
طاولة المكتب
penggaris
المسطرة
buku
الكتاب
murit
التلميذ

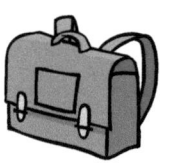

tas sekolah

الحقيبة المدرسية

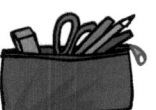

tempat pensil

المقلمة

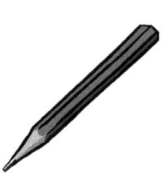

pensil

قلم الرصاص

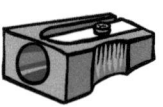

pengasah pensil

البرّاية

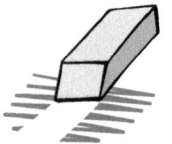

penghapus

المِمحاة

kertas gambar

دفتر الرسم

gambar

الرسمة

kuas

الفرشاة

kotak cat

علبة التلوين

gunting

المقص

lem

المادة اللاصقة

buku latihan

دفتر التمارين

pekerjaan rumah

الواجب المدرسي

angka

الرقم

tambhakan

يجمع

mengurangi

يطرح

mengalikan

يضرب

menghitung

يحسب

huruf

الحرف

alfabet

الأبجدية

kata

كلمة

teks

النص

membaca

يقرأ

kapur

الطبشور

pelajaran

الحصة

daftar

دفتر الدوام المدرسي

ujian

الامتحان

sertifikat

شهادة

seragam sekolah

اللباس المدرسي

pendidikan

التعليم

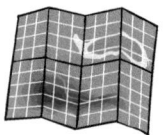

ensiklopedi

الموسوعة

universitas

الجامعة

mikroskop

المجهر

peta

الخريطة

tempat sampah

قماما

perjalanan

سفر

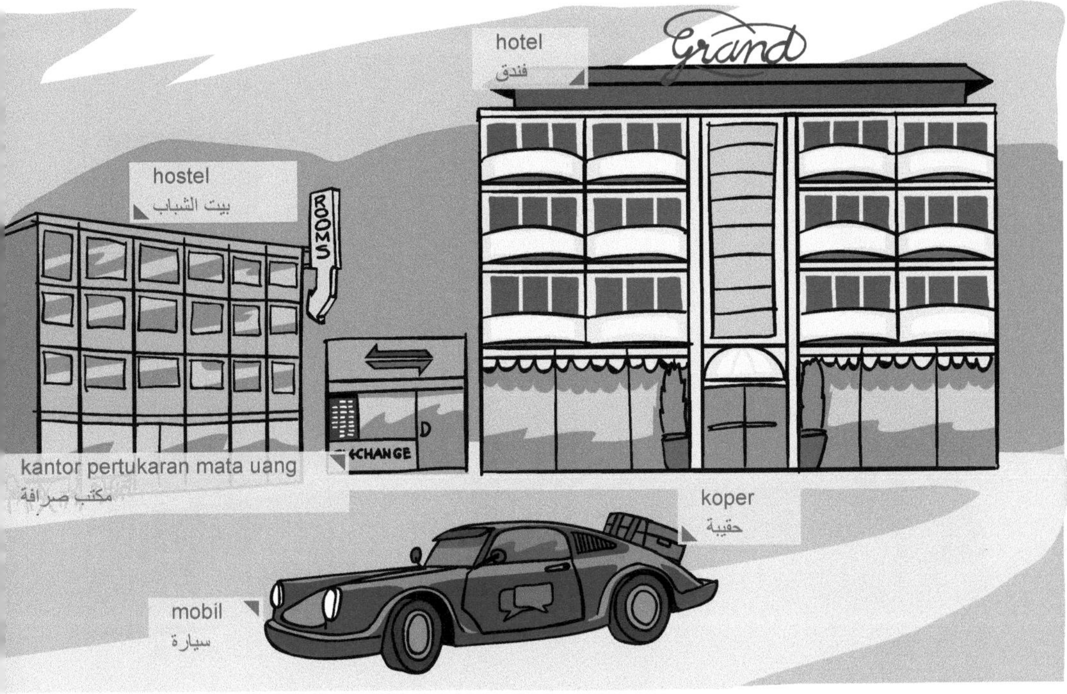

hotel
فندق
Grand
hostel
بيت الشباب
ROOMS
kantor pertukaran mata uang
مكتب صرافة
CHANGE
koper
حقيبة
mobil
سيارة

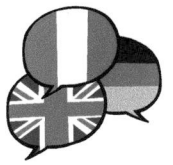

bahasa

اللغة

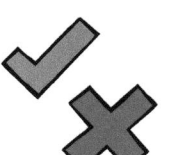

ya / tidak

نعم / لا

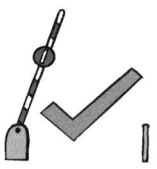

okay

حسناً

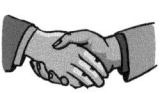

hallo

مرحباً

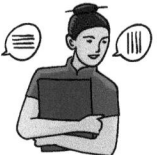

penerjemah

مترجم

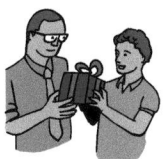

terima kasih

شكراً

Berapa harganya...?

كم ثمن ... ؟

saya tidak mengerti

لا أفهم

masalah

مشكلة

Selamat malam!

مساء الخير

Selamat siang!

صباح الخير!

Selamat tidur!

ليلة سعيدة

sampai jumpa

إلى اللقاء

arah

اتجاه

bagasi

أمتعة السفر

tas

حقيبة

ransel

حقيبة ظهر

tamu

ضيف

ruang

غرفة

kantong tidur

كيس للنوم

tenda

خيمة

informasi wisata

استعلامات سياحية

pantai

شاطئ

kartu kredit

بطاقة ائتمان

sarapan

إفطار

makan siang

طعام الغداء

makan malam

العشاء

tiket

بطاقة سفر

elevator

مصعد

perangko

طابع بريدي

perbatasan

حدود

cukai

الجمارك

kedutaan

سفارة

visa

تأشيرة

paspor

جواز سفر

transportasi

نقل

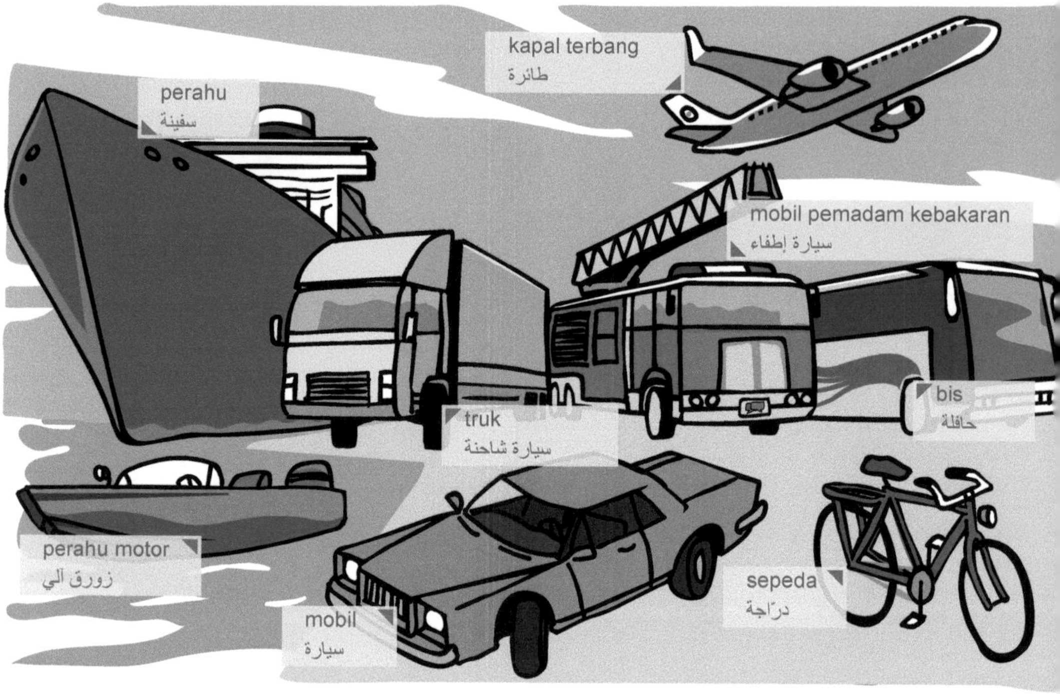

kapal terbang
طائرة
perahu
سفينة
mobil pemadam kebakaran
سيارة إطفاء
truk
سيارة شاحنة
bis
حافلة
perahu motor
زورق آلي
mobil
سيارة
sepeda
درّاجة

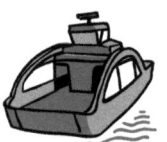

feri

عبارة

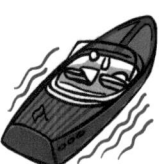

perahu

قارب

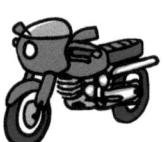

sepeda motor

دراجة نارية

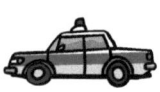

mobil polisi

سيارة شرطة

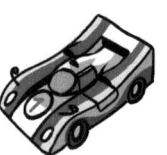

mobil balapan

سيارة سباق

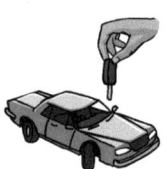

mobil sewa

سيارة مستأجرة

berbagi mobil

أسلوب تشاركي في استئجار السيارات

truk derek

سيارة للجر

truk sampah

سيارة نقل القمامة

motor

محرك

bahan bakar

وقود

bensin

محطة وقود

tanda lalulintas

إشارة مرور

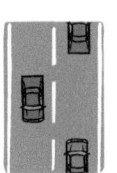

lalulintas

حركة السير

macet

ازدحام سير

parkir mobil

موقف سيارات

stasiun kereta

محطة قطار

trek

سكك حديدية

kereta api

قطار

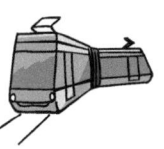

tram

ترام

gerobak

عربة قطار

helikopter

طائرة مروحية

bendara

مطار

menara

برج

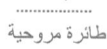

penumpang

مسافر

container

حاوية

karton

علبة كرتون

troli

عربة يد

keranjang

سلّة

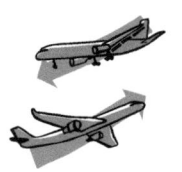

berangkat / mendarat

يقلع / يهبط

kota

مدينة

desa

قرية

pusat kota

مركز المدينة

rumah

بيت

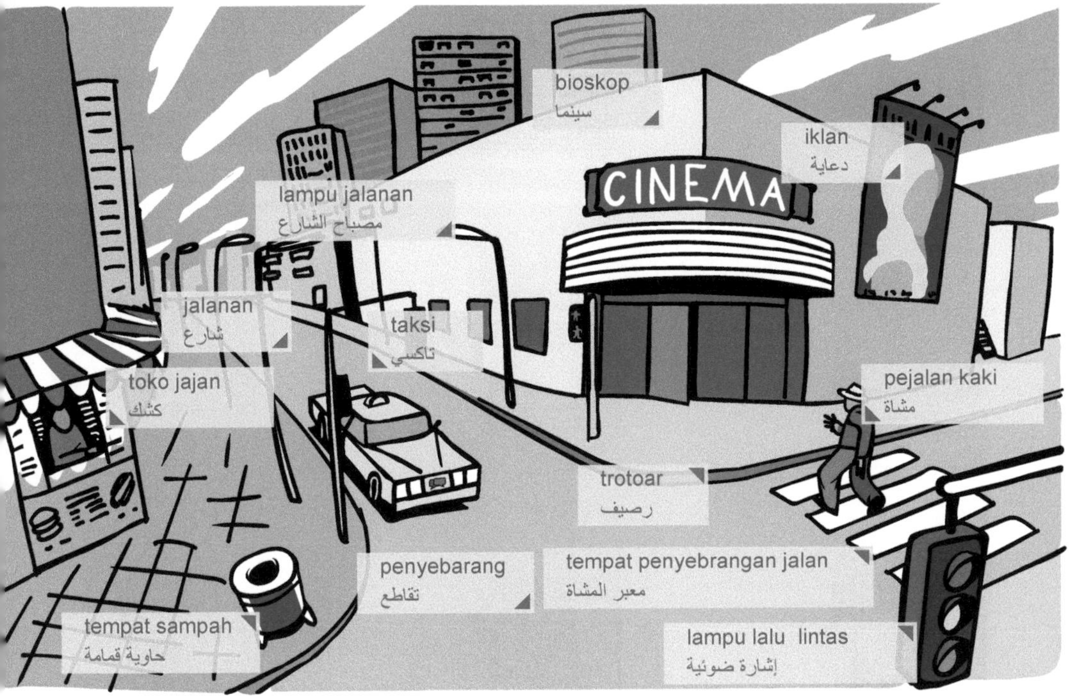

bioskop
سينما
CINEMA
iklan
دعاية
lampu jalanan
مصباح الشارع
jalanan
شارع
taksi
تاكسي
toko jajan
كشك
pejalan kaki
مشاة
trotoar
رصيف
penyebarang
تقاطع
tempat penyebrangan jalan
معبر المشاة
tempat sampah
حاوية قمامة
lampu lalu lintas
إشارة ضوئية

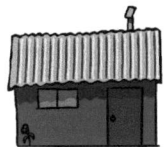

gubuk

كوخ

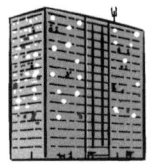

rumah flat

شقة

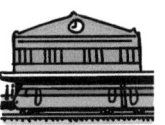

stasiun kereta

محطة قطار

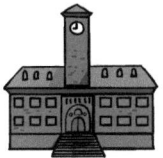

balai kota

دار البلدية

MUSEUM

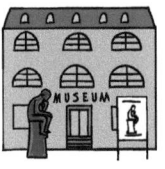

museum

متحف

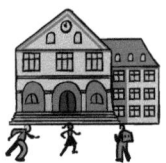

sekolah

المدرسة

universitas

الجامعة

bank

مصرف

rumah sakit

المستشفى

hotel

فندق

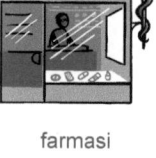

farmasi

صيدلية

kantor

مكتب

toko buku

مكتبة

toko

متجر

toko bunga

محل لبيع الزهور

supermarket

سوبرماركت

pasar

سوق

toko serba ada

متجر كبير

nelayan

تاجر السمك

pusat belanja

مركز تسوّق

pelabuhan

ميناء

taman

حديقة عامة

banku

مقعد

jembatan

جسر

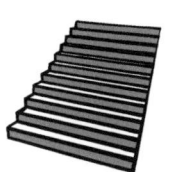

tangga

درج، سلم

kereta bawah tanah

مترو

terowongan

نفق

pemberhantian bis

موقف حافلات

bar

بار

restauran

مطعم

kotak surat

صندوق البريد

tanda jalan

لافتة باسم الشارع

meteran parkir

مقياس زمن الوقوف

kebun binatang

حديقة حيوانات

kolam renang

مسبح

mesjid

مسجد

pertanian

مزرعة

polusi

تلوث البيئة

kuburan

مقبرة

gereja

كنيسة

tempat bermain

ملعب الأطفال

pura

معبد

pemandangan
طبيعة ريفية

daun
ورقة

penunjuk arah
علامة إرشاد

jalanan
طريق

padang rumput
مرج

batu
حجر

pohon
شجرة

pejalak kaki
رحالة

sungai
نهر

rumput
عشب

bunga
زهرة

lembah

وادٍ

bukit

جبل

danau

بحيرة

hutan

غابة

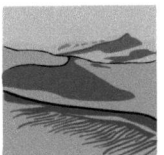

padang gurun

صحراء

gunung berapi

بركان

istana

قلعة

pelangi

قوس قزح

jamur

فطر

pohon palem

نخلة

nyamuk

بعوض

lalat

ذبابة

semut

نملة

lebah

نحلة

laba-laba

عنكبوت

kumbang

خنفساء

kodok

ضفدعة

tupai

سنجاب

landak

قنفذ

kelinci

أرنب

burung hantu

بومة

burung

عصفور

angsa

بجعة

babi jantan

خنزير برّي

rusa

غزال

rusa

إلكة

bendungan

سد

turbin angin

دولاب الطاحونة الهوائية

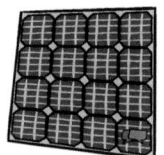

panel surya

خلية شمسية

iklim

مناخ

pelayan
نادل

daftar makanan
لائحة الطعام

kursi
كرسي

sup
حساء

pizza
بيتزا

peralatan makan
أدوات المائدة

taplak
غطاء المائدة

hindangan pembuka
مقبلات

hidangan utama
الصحن الرئيسي

hidangan penutup
حلوى أو فاكهة بعد الطعام

minuman
مشروبات

makanan
طعام

botol
زجاجة

fastfood

وجبات سريعة

masakan jalanan

طعام الشارع

teko teh

إبريق الشاي

kaleng gula

علبة السكر

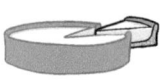

porsi

حصّة

mesin espresso

آلة الإسبريسو

kursi tinggi

كرسي عالٍ

tagihan

فاتورة

baki

صينية

pisau

سكين

garpu

شوكة

sendok

ملعقة

sendok teh

ملعقة الشاي

serbet

منديل المائدة

gelas

كأس

piring

صحن

piring sup

صحن الحساء

lepek

صحن الفنجان

saus

صلصة

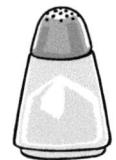

tempat garam

مملحة

gilingan merica

مطحنة الفلفل

cuka

خلّ

minyak

زيت الطعام

bumbu

توابل

saus tomat

كتشاب

mustar

خردل

mayones

مايونيز

supermarket

سوبرماركت

penawaran khusus
عرض خاص
FOR
klien
زبون
produk susu
مشتقات الحليب
buah
فواكه
troli
عربة تسوّق

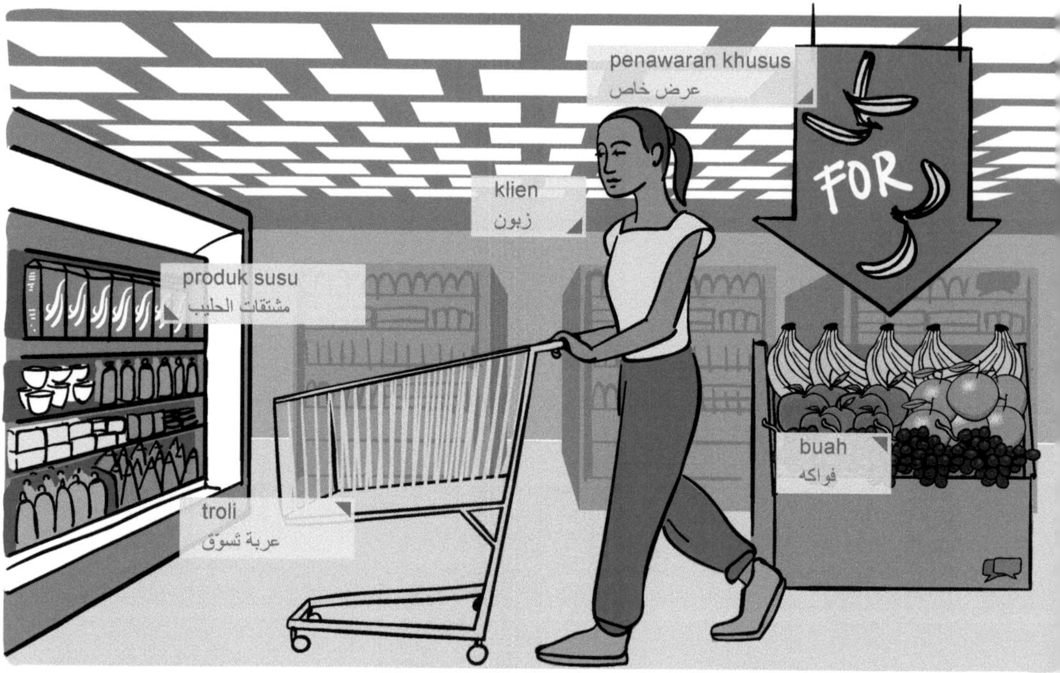

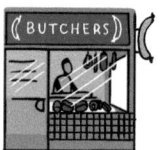

BUTCHERS

pembantai

جزّار

BAKERY

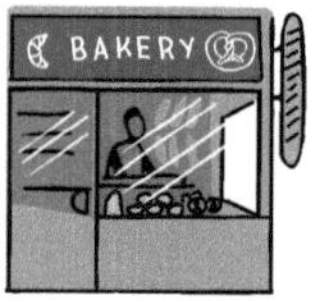

toko roti

مخبز

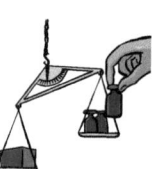

menimbang

يزن

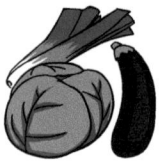

sayur

خضار

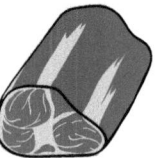

daging

لحم

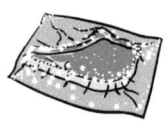

makanan beku

المأكولات المجمّدة

pemotongan dingin

مرتدلا أو جبن

makanan kaleng

معلّبات

sabun serbuk

مسحوق الغسيل

permen

حلويات

alat-alat rumah tangga

المواد المنزلية

obat pembersihan

منظّفات

penjual

بائعة

kasa

صندوق الحساب

kasir

أمين صندوق

daftar belanja

قائمة المشتريات

jam buka

أوقات العمل

dompet

محفظة النقود

kartu kredit

بطاقة ائتمان

tas

حقيبة

kantong plastik

كيس بلاستيكي

air

ماء

jus

عصير

susu

حليب

cola

كولا

anggur

نبيذ

bir

بيرة

alkohol

كحول

coklat

كاكاو

teh

شاي

kopi

قهوة

espresso

قهوة إسبريسو

cappucino

كابوتشينو

pisang

موزة

apel

تفاح

jeruk

برتقال

semangka

بطيخ

jeruk lemon

ليمون

wortel

جزرة

bawang putih

ثوم

bambu

خيزران

bawang bombai

بصل

jamur

فطر

kacang

لوزيات

mi

شعيرية

spagetti

سباغيتي

nasi

أرزّ

salat

سلطة

kentang goreng

بطاطا مقلية

kentang goreng

بطاطا مقلية

pizza

بيتزا

hamburger

هامبورغر

sandwich

ساندويش

sayatan

شريحة لحم مقلية

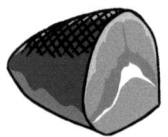

ham

لحم خنزير

salami

سلامي

sosis

سجق

ayam

دجاج

menggoreng

لحم محمر

ikan

سمك

bubur gandum

دقيق الشوفان

sereal

موسلي

cornflakes

كورن فلكس

tepung

طحين

croissant

كرواسان

roti

خبز صغير

roti

خبز

toast

خبز محمص

biskuit

بسكويت

mentega

زبدة

dadih

لبن زبادي

kue

كعكة

telur

بيضة

telur goreng

بيض مقلي

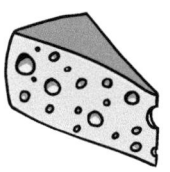

keju

جبنة

eskrim

مثلجات

gula

سكر

madu

عسل

selai

مربّى الفاكهة

krim nugat

كريم النوغا

kare

الكاري

pertanian
مزرعة

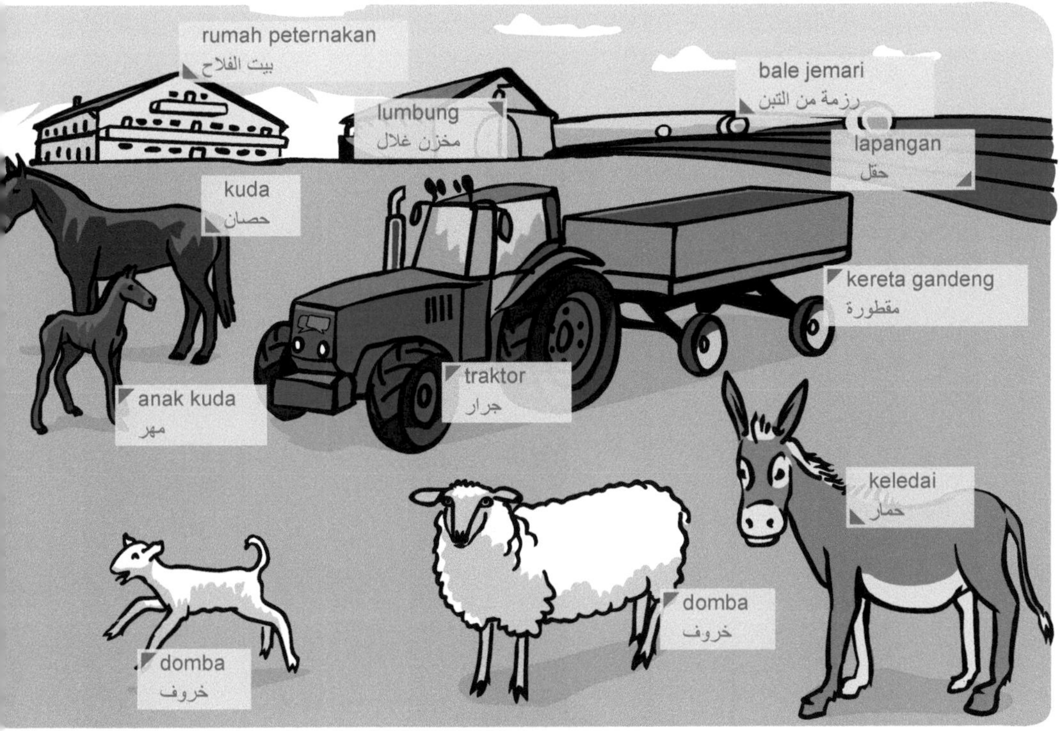
rumah peternakan
بيت الفلاح
lumbung
مخزن غلال
bale jemari
رزمة من التبن
lapangan
حقل
kuda
حصان
kereta gandeng
مقطورة
traktor
جرار
anak kuda
مهر
keledai
حمار
domba
خروف
domba
خروف

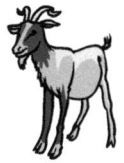

kambing

ماعز

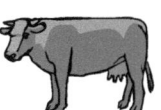

sapi

بقرة

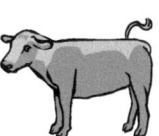

betis

عجل

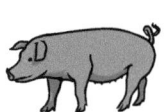

babi

خنزير

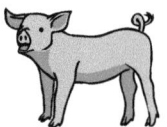

celeng

خنزير صغير

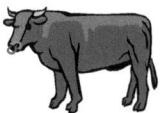

banteng

ثور

angsa

إوزّة

bebek

بطة

anak ayam

صوص

ayam

دجاجة

ayam jantan

ديك

tikus

جرذ

kucing

قطّة

tikus

فأر

lembu

ثور

anjing

كلب

rumah anjing

كوخ الكلب

selang

خرطوم الحديقة

penyiram

إبريق

sabit

منجل

bajak

المحراث

sabit

منجل

cangkul

معزقة

garpu rumput

مذراة الزبل

kapak

بلطة

gerobak

عربة يد

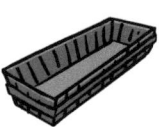

palung

معلف

kaleng susu

صفيحة الحليب

karung

كيس

pagar

سياج

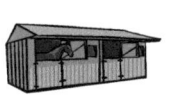

kandang

اصطبل

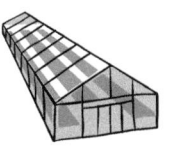

rumah kaca

دفيئة

tanah

تربة

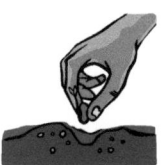

benih

بذور

pupuk

سماد

mesin pemanen

حصّادة درّاسة

panen

يحصد

panen

محصول

yams

بطاطا يامس

gandum

قمح

kedelai

صويا

kentang

بطاطا

jagung

ذرة

lobak

سلجم

pohon buah

شجرة فاكهة

singkong

نبات منيهوت

sereal

الحبوب

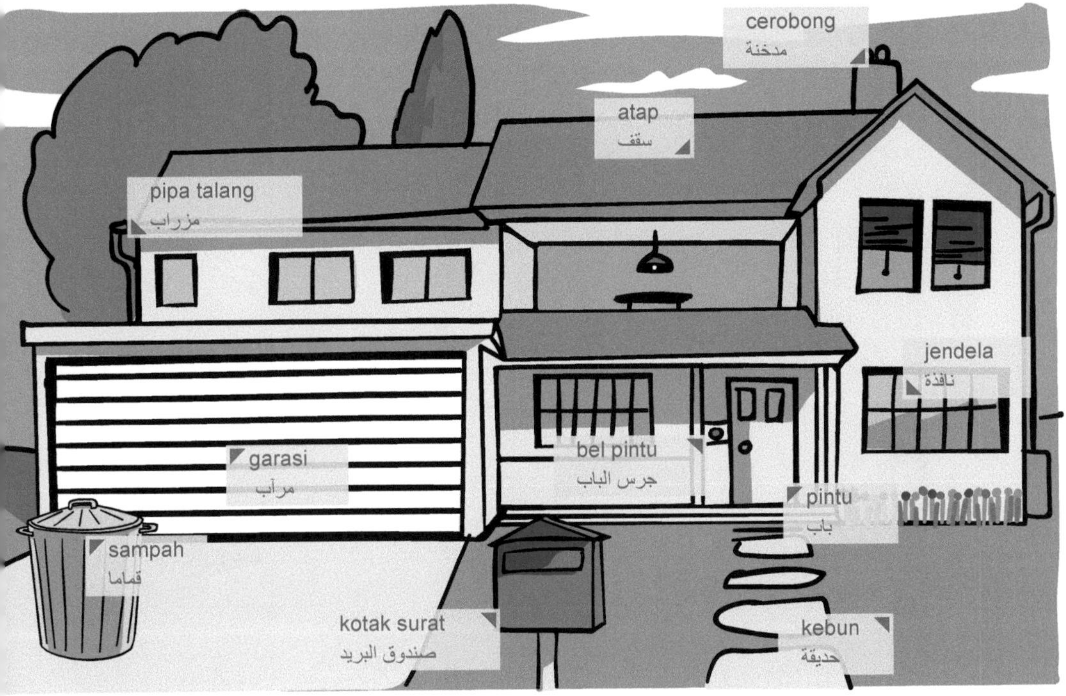

cerobong
مدخنة

atap
سقف

pipa talang
مزراب

jendela
نافذة

garasi
مرآب

bel pintu
جرس الباب

pintu
باب

sampah
قماما

kotak surat
صندوق البريد

kebun
حديقة

ruang tamu
غرفة جلوس

kamar mandi
الحمّام

dapur
مطبخ

kamar tidur
غرفة النوم

kamar anak
غرفة الأطفال

kamar makan
غرفة الطعام

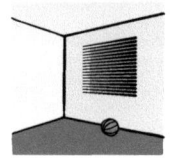

lantai

أرضية

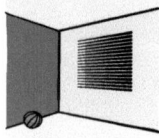

tembok

حائط

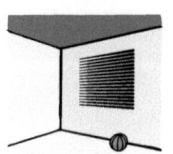

atap

سقف

gudang di bawah tanah

قبو

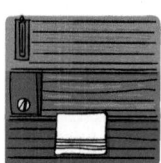

sauna

ساونا

balkon

بلكون

teras

شرفة

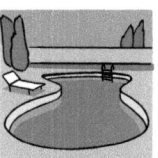

kolam renang

مسبح

mesin pemotong rumput

جزازة العشب

sprei

بياضات السرير

selimut

بطانية

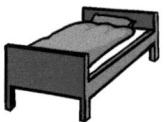

tempat tidur

سرير

sapu

مكنسة

ember

سطل

tombol

مفتاح كهرباني

ruang tamu
غرفة جلوس

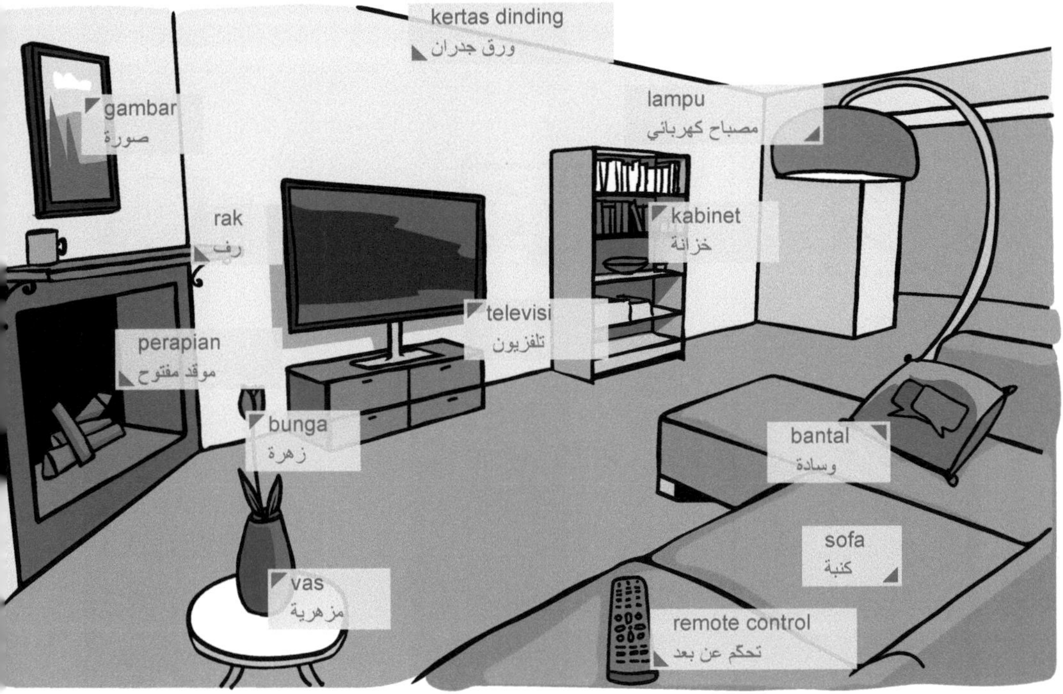

kertas dinding
ورق جدران
gambar
صورة
lampu
مصباح كهربائي
rak
رف
kabinet
خزانة
televisi
تلفزيون
perapian
موقد مفتوح
bunga
زهرة
bantal
وسادة
sofa
كنبة
vas
مزهرية
remote control
تحكم عن بعد

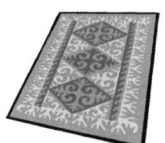

karpet

بصاط

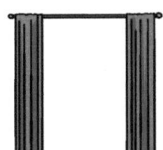

korden

ستارة

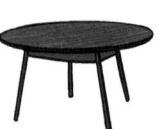

meja

طاولة

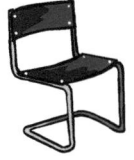

kursi

كرسي

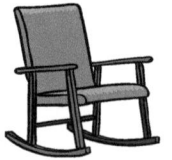

kursi goyang

كرسي هزّاز

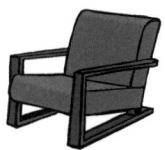

kursi malas

كرسي ذو ذراعين

buku

الكتاب

selimut

بطانية

dekorasi

زخرفة

kayu bakar

الحطب

filem

فيلم

hi-fi

تجهيزات ستيريو

kunci

مفتاح

koran

جريدة

lukisan

لوحة مرسومة

poster

مُلصق

radio

راديو

buku tulis

دفتر ملاحظات

penyedot debu

المكنسة الكهربائية

kaktus

صبّار

lilin

شمعة

dapur
مطبخ

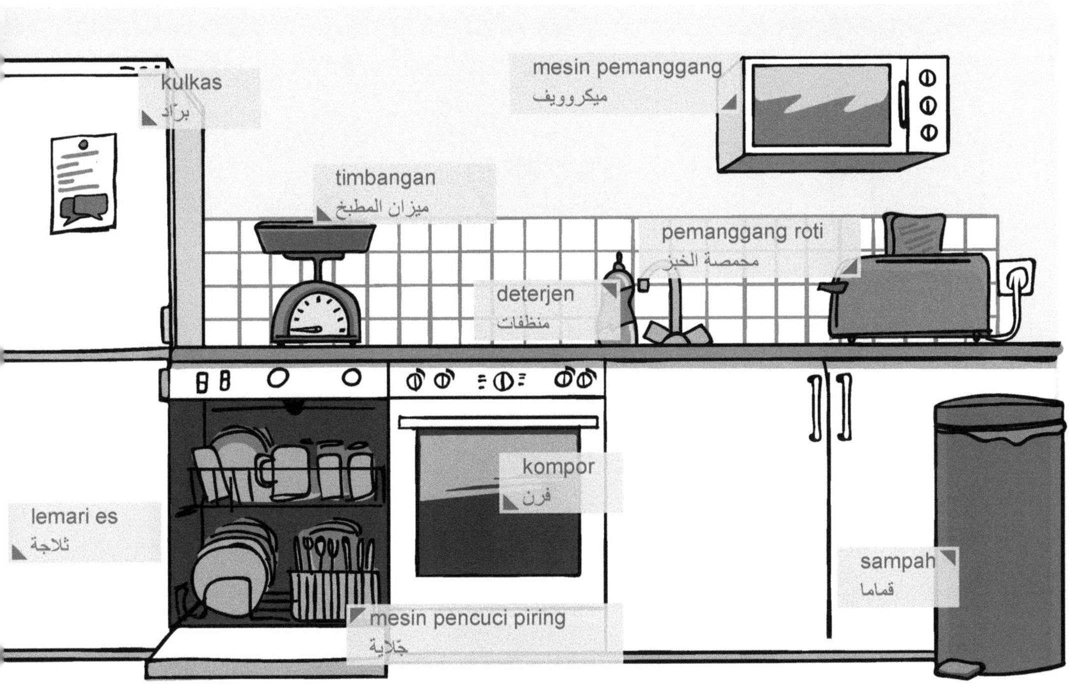
kulkas
برّاد
mesin pemanggang
ميكروويف
timbangan
ميزان المطبخ
pemanggang roti
محمصة الخبز
deterjen
منظفات
kompor
فرن
lemari es
ثلاجة
sampah
قماما
mesin pencuci piring
جلّاية

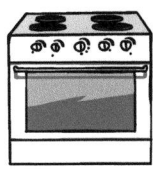

kompor

موقد

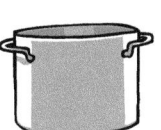

panci

قِدر

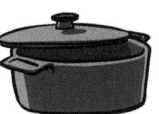

panci besi

وعاء من الحديد

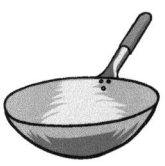

wajan

قدر صيني

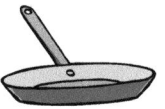

panci

مقلاة

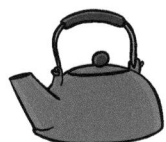

pemanas air

غلاية

panci pengukus makanan

قدر البخار

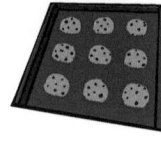

nampan

صينية

piring

أواني

cangkir

فنجان

mangkok

صحن

sumpit

عيدان الأكل

sendok sup

مغرفة

sudip

ملعقة منبسطة

mengocok

خفاقة

saringan

مصفاة

saringan

مصفاة

parutan

مبشرة

mortir

هاون

barbeque

شواء

api terbuka

موقد

papan memotong
لوح التقطيع

gilingan
نشّابة

alat pembuka botol
مفتاح الزجاجات

kaleng
علبة

pembuka kaleng
مفتاح العلب المعدنية

pegangan panci
قماش الفرن

wastafel
مجلى

sikat
فرشاة

busa
إسفنج

mesin pencampur
خلاط

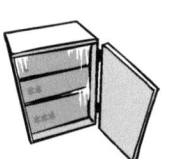

lemari es
مجمّدة

botol bayi
زجاجة الطفل

keran
صنبور الماء

kamar mandi

الحمّام

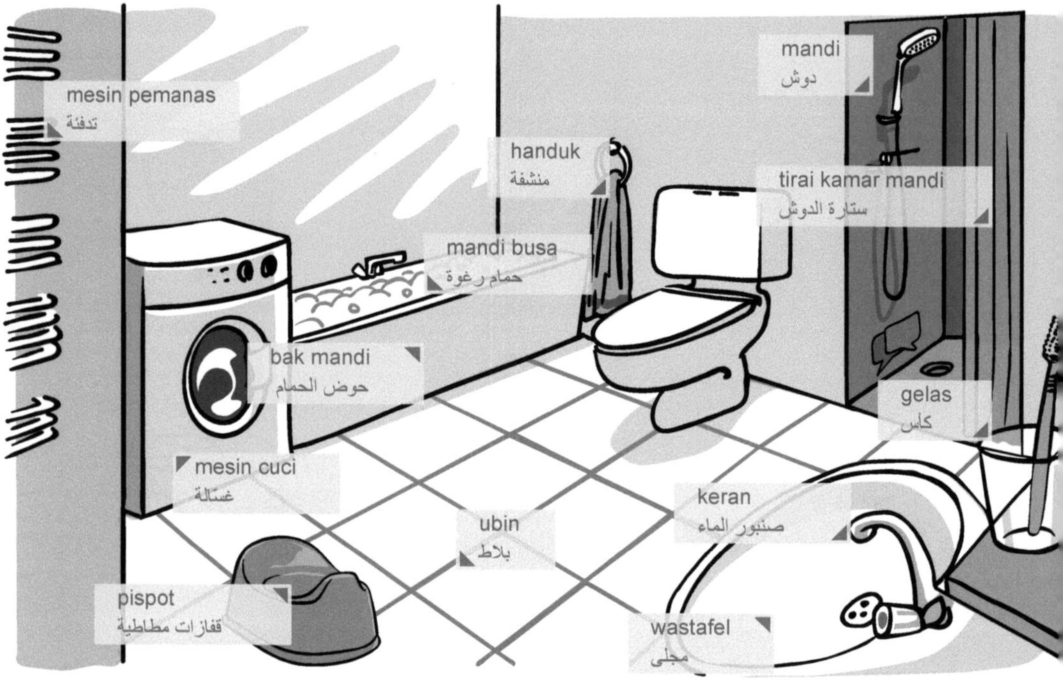
mesin pemanas
تدفئة
mandi
دوش
handuk
منشفة
tirai kamar mandi
ستارة الدوش
mandi busa
حمام رغوة
bak mandi
حوض الحمام
gelas
كأس
mesin cuci
غسّالة
keran
صنبور الماء
ubin
بلاط
pispot
قفازات مطاطية
wastafel
مجلى

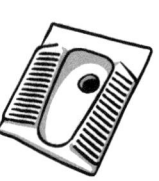

toilet

حمام

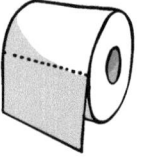

toilet jongkok

مرحاض القرفصاء

bidet

حوض التشطيف

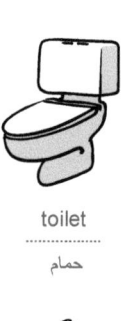

pissoir

مبولة

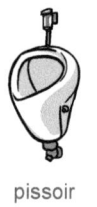

kertas toilet

ورق المرحاض

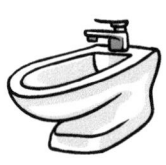

sikat toilet

فرشاة الحمام

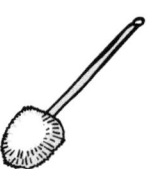

sikat gigi

فرشاة الأسنان

pasta gigi

معجون الأسنان

benang gigi

خيط حرير لتنظيف الأسنان

menyuci

يغسل

pancuran tangan

رشاش ماء يدوي

pancuran

شطاف

bak

حوض الغسيل

sikat punggung

فرشاة الظهر

sabun

صابون

gel mandi

جيل الدوش

sampo

شامبو

planel

ممسحة

kuras

مصرف للماء

krim

مرهم

deodoran

مزيل الروائح

kaca

مرآة

cermin tangan

مرآة يد

pisau cukur

موس حلاقة

busa cukur

رغوة الحلاقة

aftershave

كولونيا

sisir

مشط

sikat

فرشاة

alat pengering rambut

سشوار

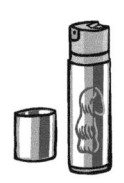

semprot rambut

مثبت للشعر

makeup

ماكياج

lipstik

روج

cat kuku

طلاء أظافر

kapas

قطن

gunting kuku

مقص أظافر

minyak wangi

عطر

kantong pencuci

سلة الغسيل

bangku

مقعد صغير

timbangan

ميزان

mantel mandi

معطف الحمام

sarung tangan karet

قفازات مطاطية

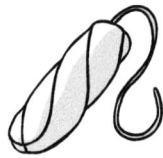

tampon

سدادة قطنية

handuk pembalut

منشفة صحية

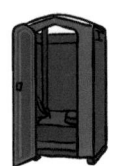

toilet kimia

تواليت كيميائية

kamar anak

غرفة الأطفال

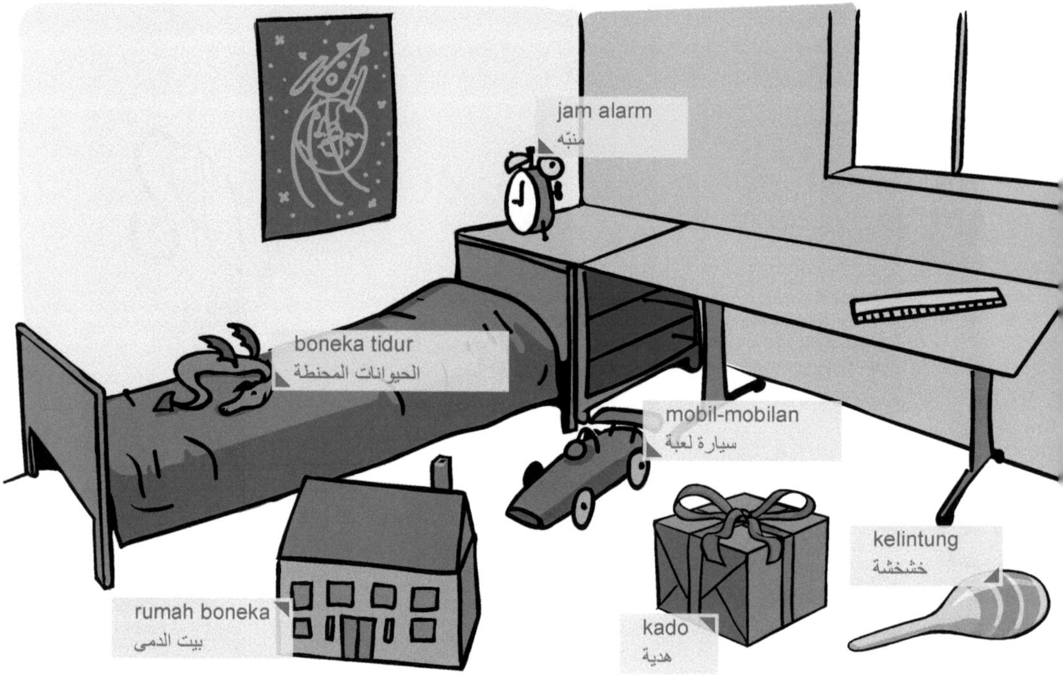

jam alarm
منبّه
boneka tidur
الحيوانات المحنطة
mobil-mobilan
سيارة لعبة
kelintung
خشخشة
rumah boneka
بيت الدمى
kado
هدية

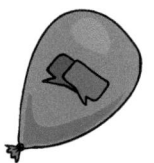

balon

بالون

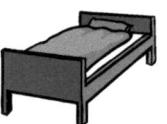

tempat tidur

سرير

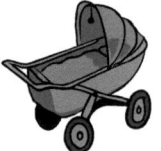

kereta bayi

عربة الأطفال

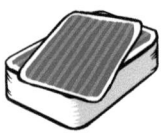

mainan kartu

لعبة الورق

teka-teki

أحجية

SUPER MEGA

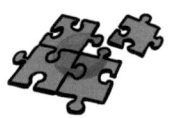

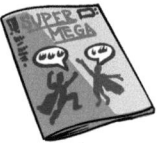

komik

رسوم هزلية

mainan lego

أحجار الليغو

blok mainan

حجارة تركيب

figur aksi

دمية بطل

baju monyet

لباس الطفل

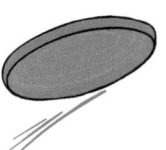

frisbee

فريسبي

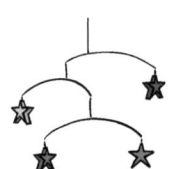

mobile

دمية معلقة

permainan papan

لعبة الطاولة

dadu

لعبة النرد

set model kreta api

لعبة قطار

dot

مصّاصة

pesta

حفلة

buku gambar

كتاب مصوّر

bola

كرة

boneka

دمية

bermain

يلعب

tempat main pasir

ملعب رملي للأطفال

ayunan

أرجوحة

mainan

لعبة

video game konsol

ألعاب فيديو

sepeda roda tiga

دراجة ثلاثية

teddy

دمية على شكل الدب

lemari pakaian

خزانة الثياب

pakaian

ثياب

kaos kaki

جوارب قصيرة

kaos kaki

جوارب طويلة

baju ketat

جورب بنطلون

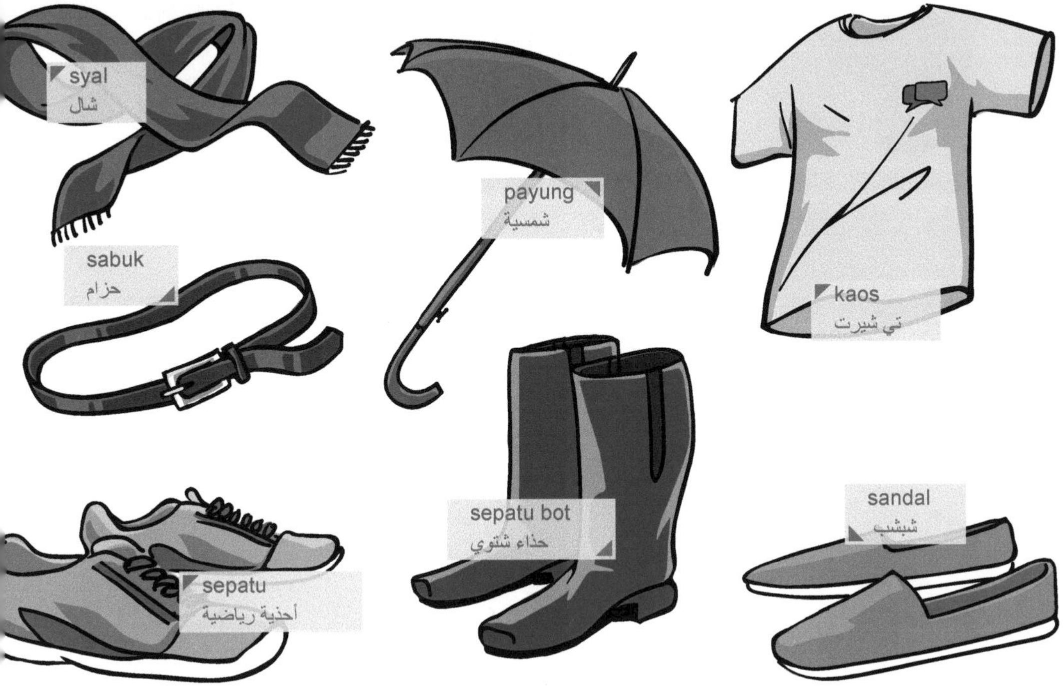

syal
شال

payung
شمسية

kaos
تي شيرت

sabuk
حزام

sepatu bot
حذاء شتوي

sandal
شبشب

sepatu
أحذية رياضية

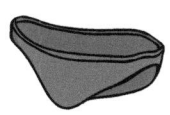

sandal
....
صندل

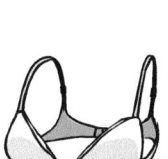

sepatu
....
حذاء

sepatu bot karet
....
جزمة كاوتشوك

celana dalam
....
سروال داخلي

BH
....
صدّارة

baju rompi
....
قميص داخلي

body

لباس ملاصق للجسم

celana

بنطلون

jeans

جينز

rok

تنورة

blus

بلوزة

kemeja

قميص

aket berkerudung

سترة قطنية

sweater

كنزة كم طويل

jaket

سترة فضفاضة

jaket

سترة

mantel

معطف

jas hujan

معطف مطري

kostum

زي - طقم نسائي

gaun

ثوب

gaun pengantin

ثوب الزفاف

setelan resmi

طقم

gaun tidur

قميص نوم

piyama

بيجاما

sari

ساري

jilbab

حجاب

turban

عمامة

burka

برقع

kaftan

قفطان

abaya

عباءة

pakaian renang

مايوه

celana renang

سروال سباحة

celana pendek

شرت

olah raga

بدلة رياضية

celemek

مِئزر

sarung tangan

قفازات

kancing

زر

kacamata

نظّارة

gelang

إسوارة

kalung

عقد

cincin

خاتم

anting

قرط

topi

طاقيّة

gantungan mantel

علاقة ثياب

topi

قبّعة

dasi

ربطة العنق

ritsleting

سحّاب

helm

خوذة

tali selempang

حمّالة البنطلون

seragam sekolah

اللباس المدرسي

seragam

زي موحّد

oto

مريلة الأطفال

dot

مصّاصة

popok

لفافة

kantor

مكتب

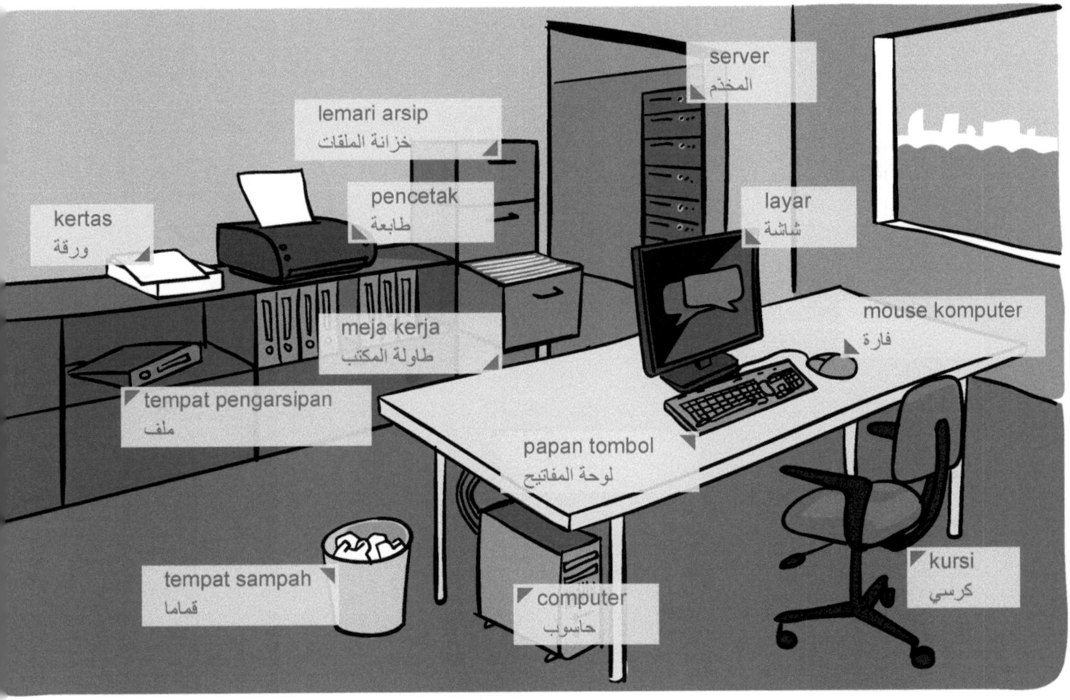

server

المخدّم

lemari arsip

خزانة الملفات

pencetak

طابعة

layar

شاشة

kertas

ورقة

mouse komputer

فأرة

meja kerja

طاولة المكتب

tempat pengarsipan

ملف

papan tombol

لوحة المفاتيح

tempat sampah

قماما

computer

حاسوب

kursi

كرسي

cangkir kopi

كأس من القهوة

kalkulator

الآلة الحاسبة

internet

الإنترنت

laptop

الحاسوب المحمول

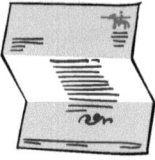

surat

رسالة

pesan

خبر

telepon seluler

الهاتف المحمول

jaringan

شبكة

fotokopi

جهاز تصوير

software

البرمجيات

telepon

هاتف

plug soket

مقبس كهربائي

mesin fax

فاكس

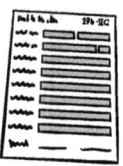

formulir

استمارة

dokumen

وثيقة

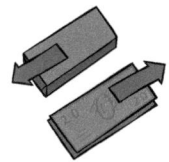

membeli

يشتري

membayar

يدفع

berdagang

يتاجر

uang

مال

Dollar

دولار

Euro

يورو

Yen

ين

Rubel

روبل

Franc Swiss

فرنك سويسري

Renminbi Yuan

يوان

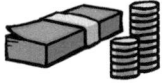

Rupiah

روبية

ATM

صرّاف آلي

kantor pertukaran mata
uang
مكتب صرافة

emas

ذهب

perak

فضة

minyak

نفط

energi

طاقة

harga

سعر

kontrak

عقد

pajak

ضريبة

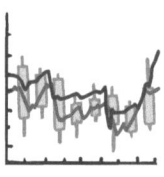

saham

سهم

bekerja

يعمل

karyawan

موظف

majikan

رب العمل

pabrik

مصنع

toko

متجر

petugas polisi
الشرطي

pemadam kebakaran
رجل إطفاء

pemasak
طبّاخ

dokter
الطبيب

pilot
طيّار

tukan kebun

بستاني

tukang kayu

نجّار

penjahit wanita

خيّاطة

hakim

قاض

ahli kimia

كيمياني

aktor

ممثّل

sopir bis

سائق حافلة

sopir taksi

سائق تاكسي

nelayan

صياد سمك

pembantu

أجيرة للتنظيف

tukang atap

بنّاء سقف

pelayan

نادل

pemburu

صيّاد

pelukis

رسّام

tukang roti

خباز

tukang listrik

كهربائي

pembangun

عامل بناء

insinyur

مهندس

tukang daging

لحّام

tukang ledeng

سمكري

tukang pos

ساعي البريد

tentara

جندي

arsitek

مهندس معماري

kasir

أمين صندوق

penjual bunga

بائع الزهور

penata rambut

حلاق

konduktor

مراقب القطار

montir

ميكانيكي

kapten

قبطان

dokter gigi

طبيب أسنان

ilmuwan

رجل العلم

rabbi

حاخام

imam

إمام

biarawan

راهب

pendeta

كاهن

alat
عدة عمل

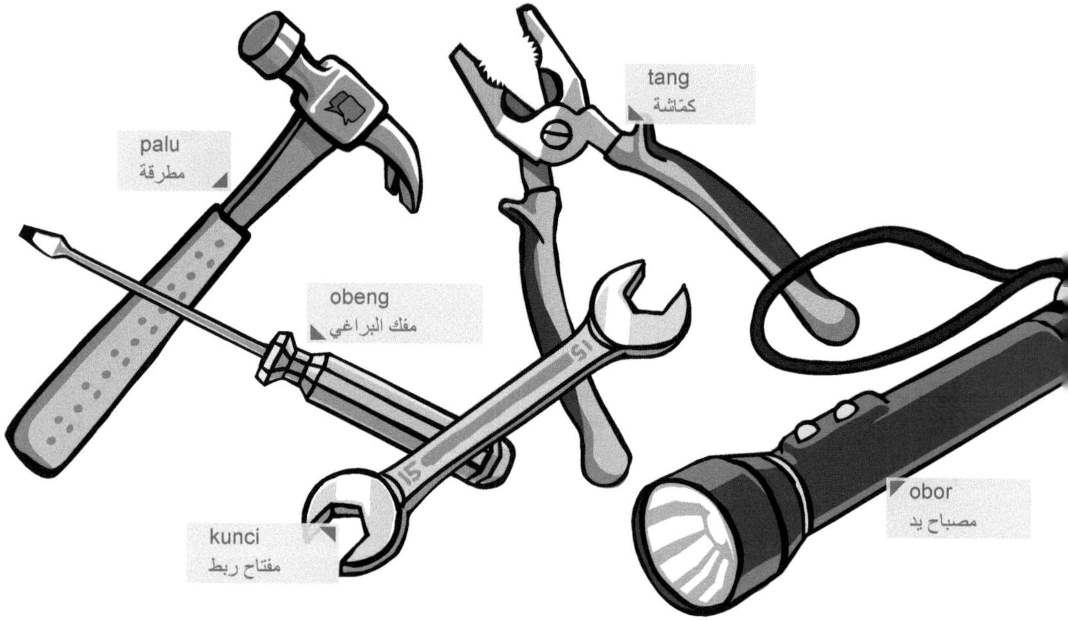

palu
مطرقة
tang
كمّاشة
obeng
مفك البراغي
kunci
مفتاح ربط
obor
مصباح يد

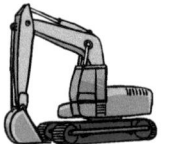

penggali
جرافة

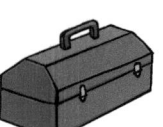

tas perkakas
صندوق العدة

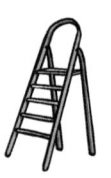

tangga
سلّم

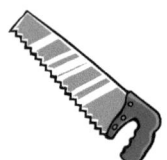

gergaji
منشار

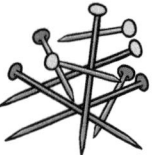

paku
مسامير

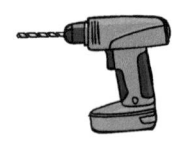

bor
مثقب

perbaikan
....
يصلح

sekop
....
مجرفة

Sialan!
....
اللعنة

cikrak
....
لقاطة الكناسة

pot cat
....
سطل الألوان

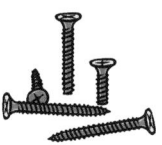

sekrup
....
براغي

alat musik
آلات موسيقية

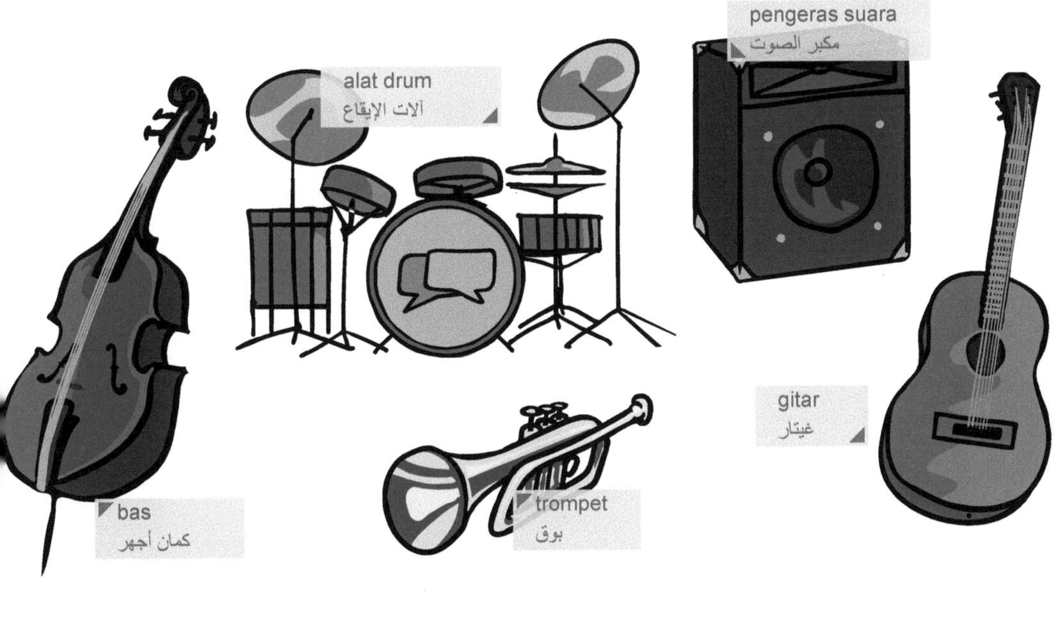

pengeras suara
مكبر الصوت

alat drum
آلات الإيقاع ◢

gitar
غيتار ◢

bas
كمان أجهر ◢

trompet
بوق

piano

بيانو

violin

كمنجة

bass

جهير

tambur

طبل كبير

drum

طبل

keyboard

بيانو كهربائي

saksofon

ساكسوفون

suling

ناي

mikrofon

ميكروفون

kebun binatang

حديقة حيوانات

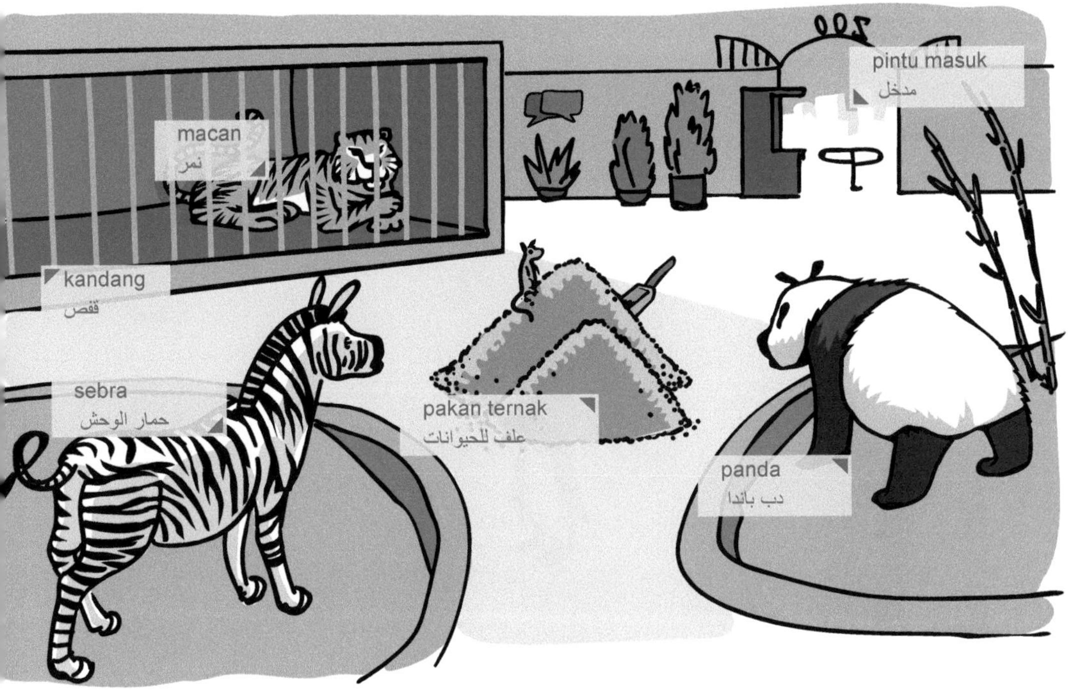
pintu masuk
مدخل
macan
نمر
kandang
قفص
sebra
حمار الوحش
pakan ternak
علف للحيوانات
panda
دب باندا

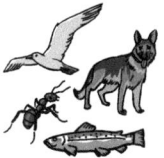

hewan

حيوانات

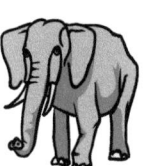

gajah

فيل

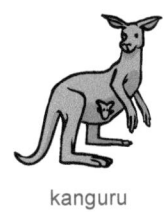

kanguru

كنغر

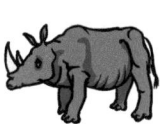

badak

وحيد القرن

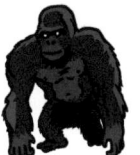

gorila

غوريلا

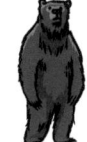

beruang

دب

unta

جمل

burung unta

نعامة

singa

أسد

monyet

قرد

flamingo

طائر فلامينغو

burung beo

ببغاء

beruang polar

دب قطبي

penguin

بطريق

hiu

سمك القرش

merak

طاووس

ular

أفعى

buaya

تمساح

penjaga kebun binatang

حارس في حديقة الحيوان

segel

عجل البحر

jaguar

نمر أمريكي مرقط

kuda poni

فرس قزم

macan tutul

نمر

kuda nil

فرس النهر

jerapah

زرافة

burung elang

نسر

babi jantan

خنزير برّي

ikan

سمك

kura-kura

سلحفاة

anjing laut

حيوان فظ البحري

rubah

ثعلب

kijang

غزال

american football
كرة القدم الأمريكية

naik sepeda
ركوب الدراجات

tennis
كرة التنس

basketbal
كرة السلة

bernang
السباحة

hoki es
هوكي الجليد

tinju
الملاكمة

sepak bola

كرة القدم

badminton

الريشة الطائرة

atletik

ألعاب القوى الخفيفة

bola tangan

كرة اليد

main ski

التزلج على الثلج

polo

بولو

aktivitas

نشاطات

ketawa
يضحك
meloncat
يقفز
memeluk
يعانق
berjalan
يمشي
menyanyi
يغنّي
mengimpi
يحلم
berdoa
يصلّي
mencium
يقبل

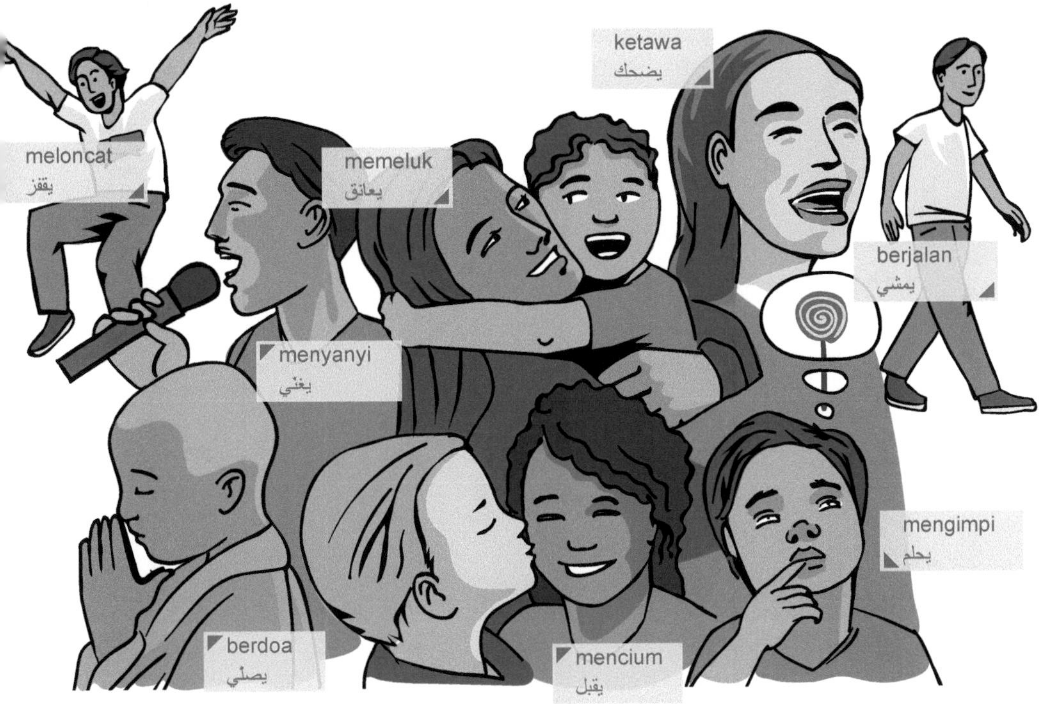

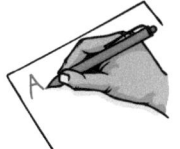

menulis

يكتب

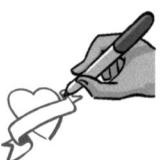

melukis

يرسم

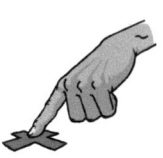

menunjuk

يُري

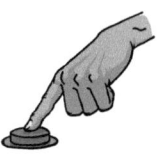

mendorong

يدفع

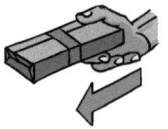

memberikan

يعطي

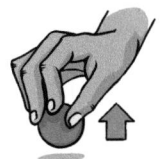

mengambil

يأخذ

mempunyai

يملك

melakukan

يعمل

adalah

يوجد

berdiri

يقف

berlari

يركض

menarik

يسحب

melempar

يرمي

jatuh

يقع

tidur

يستلقي

menunggu

ينتظر

membawa

يحمل

duduk

يجلس

berpakaian

يلبس

tidur

ينام

bangun

يستيقظ

melihat

ينظر إلى ..

menangis

يبكي

mengelus

يمسّد

menyisir

يمشّط

berbicara

يتكلم

mengerti

يفهم

menanyak

يسأل

mendengar

يسمع

minum

يشرب

makan

ياكل

merapikan

يرتب

cinta

يحب

memasak

يطبخ

menyetir

يقود

terbang

يطير

berlayar

يبحر بزورق شراعي

menghitung

يحسب

membaca

يقرأ

belajar

يتعلم

bekerja

يعمل

menikah

يتزوج

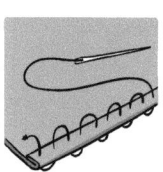

menjahit

يخيط

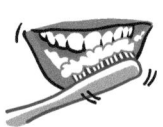

sikat gigi

ينظف أسنانه

membunuh

يقتل

merokok

يدخن

kirim

يرسل

keluarga
عائلة

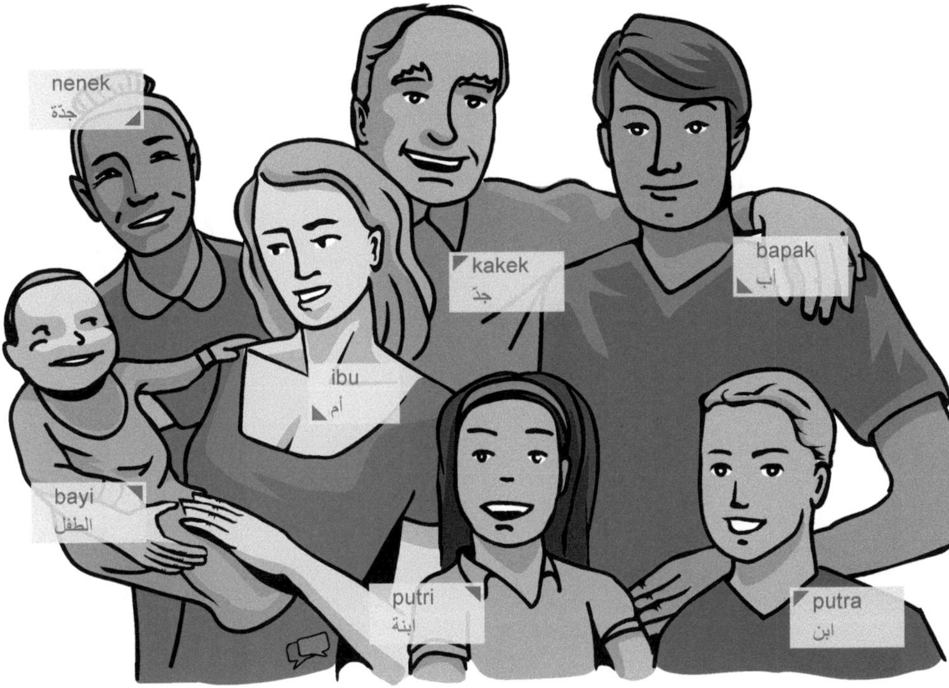

nenek
جدّة
kakek
جدّ
bapak
أب
ibu
أم
bayi
الطفل
putri
ابنة
putra
ابن

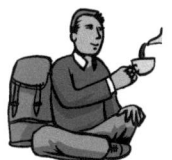

tamu
ضيف

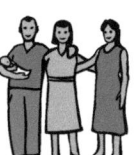

bibi
عمّة / خالة

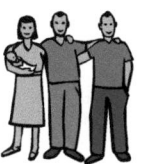

paman
عمّ / خال

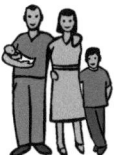

kakak laki
أخ

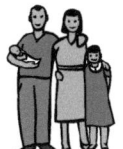

kakak perempuan
أخت

badan

الجسم

dahi
الجبين
mata
العين
bahu
الكتف
jari
الإصبع
muka
الوجه
dagu
الذقن
tangan
اليد
kaki
الساق
payudara
الصدر
lengan
الذراع

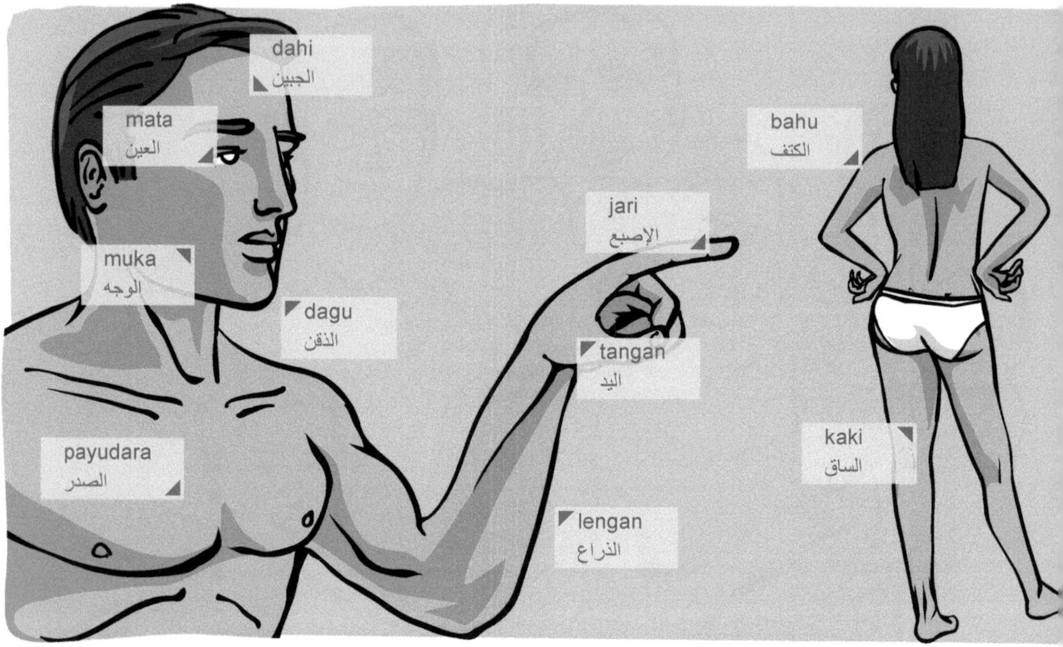

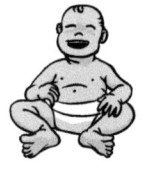

bayi

الطفل

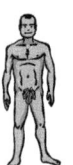

pria

الرجل

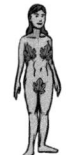

wanita

المرأة

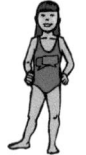

perempuan

البنت

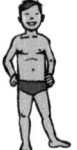

laki

الولد

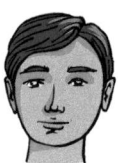

kepala

الرأس

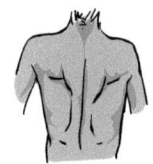

punggung

الظهر

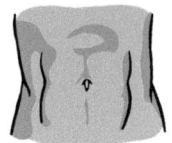

perut

البطن

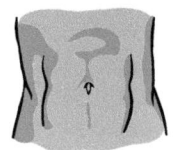

pusar

السرّة

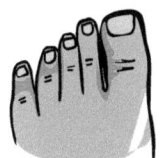

toe

إصبع القدم

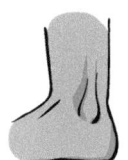

tumit

الكعب

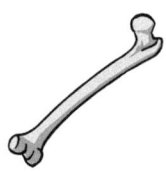

tulang

العظم

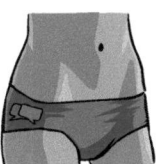

pinggang

الورك

lutut

الركبة

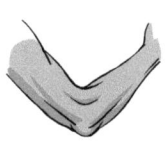

siku

المرفق

hidung

الأنف

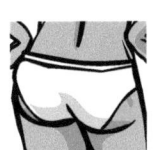

pantat

العَجُز

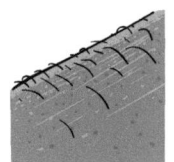

kulit

البَشرة

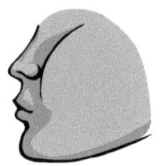

pipi

الخد

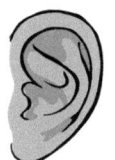

telinga

الأذن

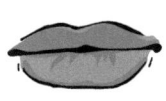

bibir

الشفة

mulut

الفم

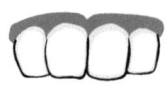

gigi

السن

lidah

اللسان

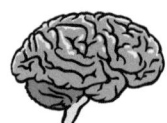

otak

الدماغ

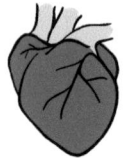

jantung

القلب

otot

العضلة

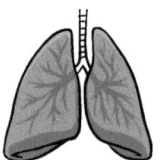

paru-paru

الرئة

hati

الكبد

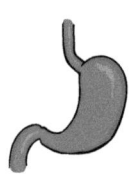

stomach

المعدة

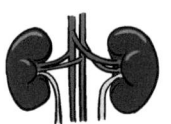

ginjal

الكِلى

hubungan seks

الاتصال الجنسي

kondom

الواقي المطاطي

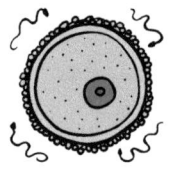

sel telur

البويضة

sperma

المنيّ

kehamilan

الحمل

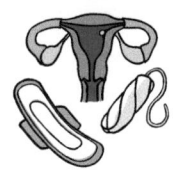

menstruasi

الحيض

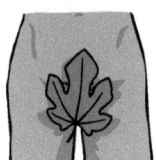

vagina

المهبل

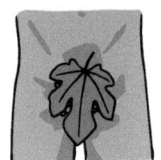

penis

القضيب

alis

الحاجب

rambut

الشعر

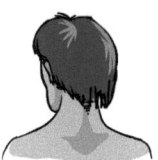

leher

الرقبة

rumah sakit
المستشفى

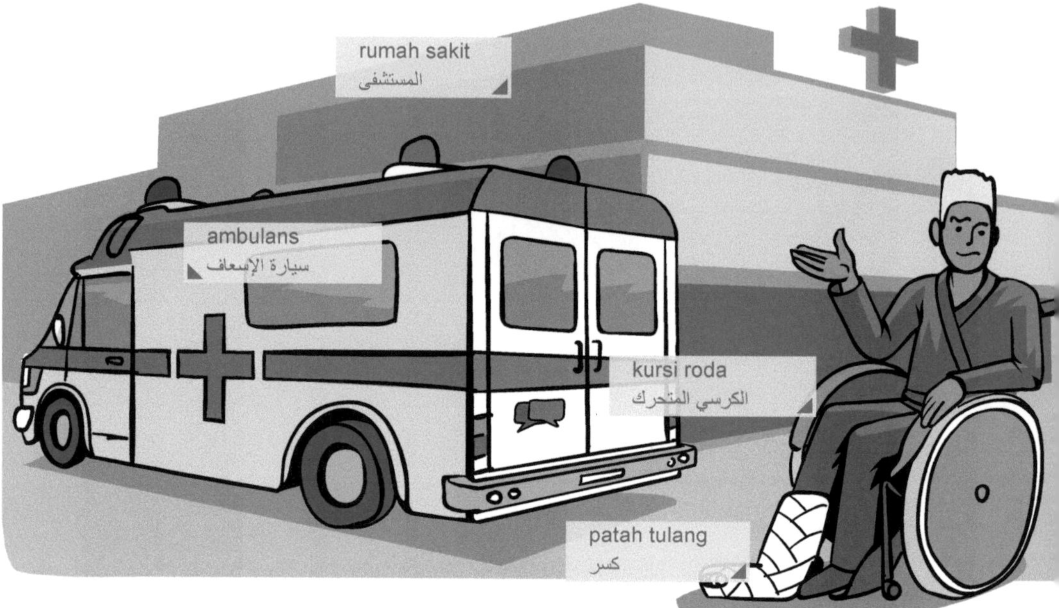

rumah sakit
المستشفى
ambulans
سيارة الإسعاف
kursi roda
الكرسي المتحرك
patah tulang
كسر

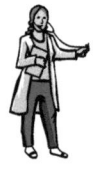

dokter

الطبيب

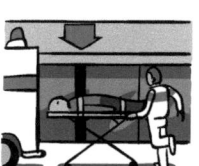

ruang darurat

غرفة الإسعاف

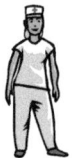

perawat

الممرضة

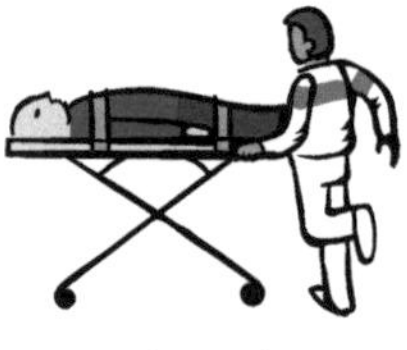

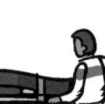

darurat

حالة

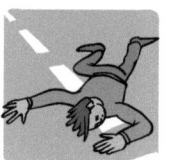

semaput

مغمى عليه

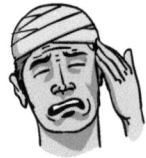

sakit

الألم

cedera

إصابة

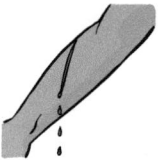

perdarahan

النزيف

serangan jantung

احتشاء القلب

stroke

جلطة

alergi

حسسية

batuk

السعال

demam

الحُمَى

flu

إنفلونزا

diare

الإسهال

sakit kepala

وجع الرأس

kanker

السرطان

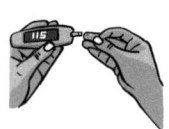

diabetes

مرض السكر

ahli bedah

جرّاح

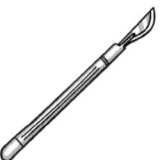

pisau bedah

مبضع

operasi

عملية

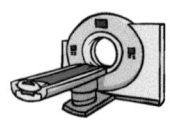

CT

سيتي سكان

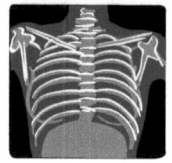

sinar x

الأشعة السينية

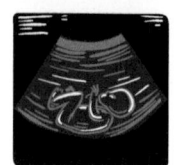

usg

فوق الصوتي

topeng

القناع

penyakit

المرض

ruang tunggu

غرفة الانتظار

penyokong

العُكّاز

plester

شريط لاصق

perban

ضماد

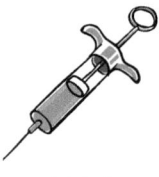

injeksi

حقنة

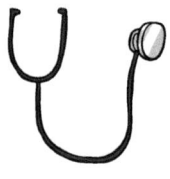

stetoskop

سمّاعة الطبيب

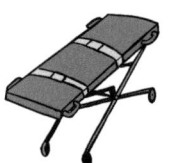

usungan

نقالة

termometer klinis

ميزان حرارة

kelahiran

ولادة

kelebihan berat badan

وزن زائد

alat pendengar

جهاز السمع

desinfektan

المواد المعقمة

infeksi

عدوى

virus

فيروس

HIV / AIDS

الإيدز

obat

الطب

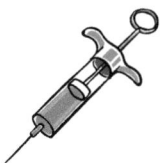

vaksinasi

اللقاح

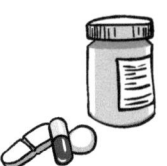

tablet

أقراص الدواء

pil

حبّة الدواء

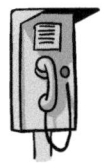

panggilan darurat

نداء النجدة

ukur tekanan darah

مقياس ضغط الدم

sakit / sehat

مريض / صحيح

Tolong!

النجدة!

alarm

إنذار

penyerbuan

اعتداء

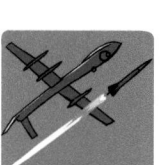

serangan

هجوم

bahaya

خطر

pintu darurat

مخرج طوارئ

Api!

حريق!

alat pemadam kebakaran

جهاز الإطفاء

kecelakaan

حادث

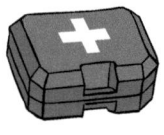

kit pertolongan pertama

حقيبة الإسعاف الأولي

SOS

أنقذونا

polisi

الشرطة

Eropa

أوروبا

Amerika Utara

أمريكا الشمالية

Amerika Selatan

أمريكا الجنوبية

Afrika

أفريقيا

Asia

آسيا

Australi

أستراليا

Atlantik

المحيط الأطلسي

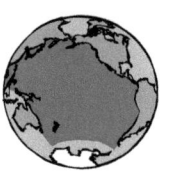

Pasifik

المحيط الهادي

Samudra India

المحيط الهندي

Samudra Antartika

المحيط المتجمد الجنوبي

Samudra Arktik

المحيط المتجمد الشمالي

kutub utara

القطب الشمالي

kutub selatan

القطب الجنوبي

Antarktika

منطقة القطب الجنوبي

bumi

أرض

tanah

بر

laut

بحر

pulau

جزيرة

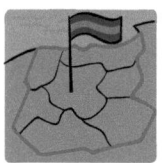

bangsa

أمة

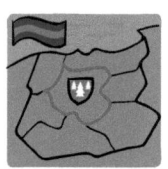

negara

دولة

jam wajah

ميناء الساعة

jarum pendek

عقرب الساعات

jarum menit

عقرب الدقائق

jarum detik

عقرب الثواني

Jam berapa?

كم الساعة الآن؟

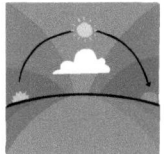

hari

يوم

waktu

زمن

sekarang

الآن

jam digital

ساعة رقمية

menit

دقيقة

jam

ساعة

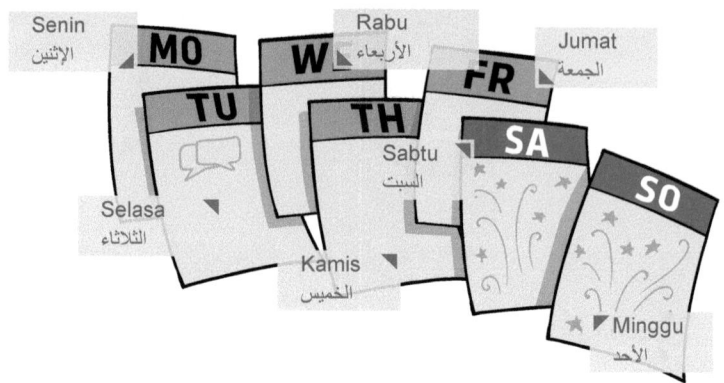

kemaren

الأمس

hari ini

اليوم

besok

غدا

pagi

الصباح

siang

الظهر

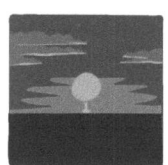

malam

المساء

hari kerja

أيام العمل

akhir minggu

نهاية الأسبوع

tahun
سنة

hujan
مطر
pelangi
قوس قزح
angin
ريح
salju
ثلج
musim semi
الربيع
musim gugur
الخريف
musim panas
الصيف
musim dingin
الشتاء

4.APRIL 11°
5.APRIL 4°
6.APRIL 13°
7.APRIL 8°
8.APRIL 10°

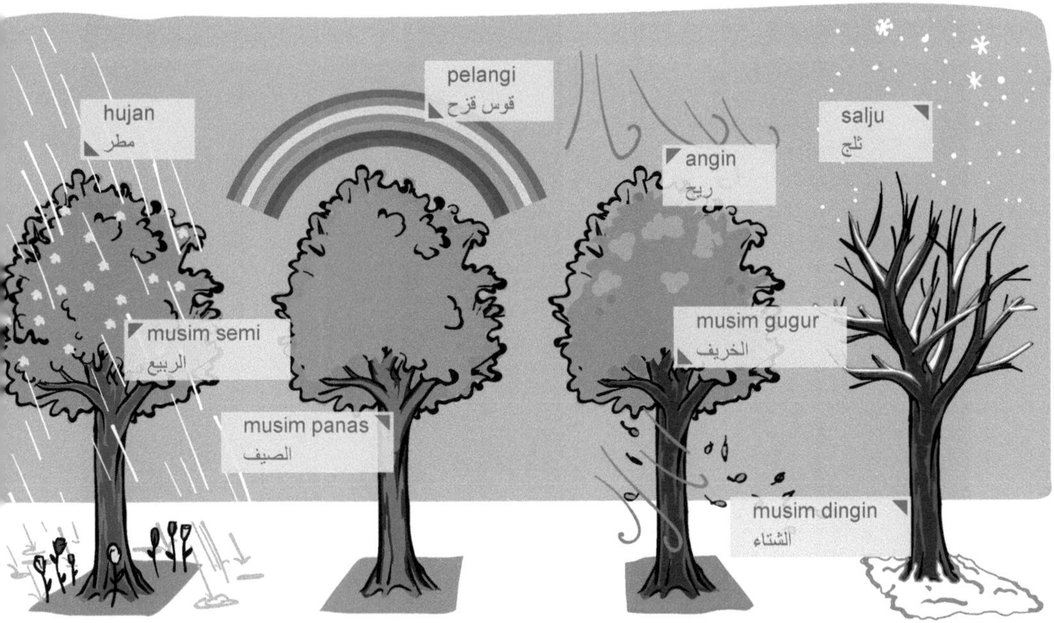

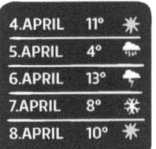

ramalan cuaca

التنبؤ بالحالة الجوية

F C
120 40
90 30
60 20
30 10
0 0
-30 -10
-20

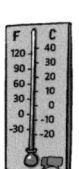

termometer

مقياس حرارة

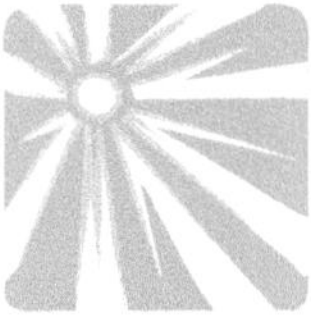

matahari

ضوء الشمس

awan

سحابة

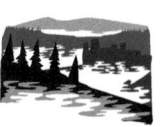

kabut

ضباب

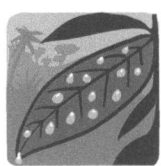

kelembahan

رطوبة الجو

kilat

....

برق

guntur

....

رعد

badai

....

عاصفة

hujan es

....

بَرَد

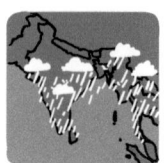

monsun

....

ريح موسمية

banjir

....

طوفان

es

....

جليد

Januari

....

كانون الثاني / يناير

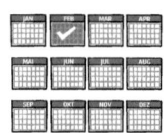

Februari

....

شباط / فبراير

Maret

....

آذار / مارس

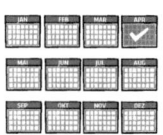

April

....

نيسان / أبريل

Mei

....

أيار / مايو

Juni

....

حزيران / يونيو

Juli

....

تموز / يوليو

Agustus

....

آب / أغسطس

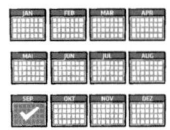

September

أيلول / سبتمبر

Oktober

تشرين الأول / أكتوبر

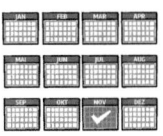

November

تشرين الثاني / نوفمبر

Desember

كانون الأول / ديسمبر

bentuk

أشكال

lingkaran

دائرة

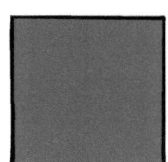

persegi

مربع

persegi panjang

مستطيل

segi tiga

مثلث

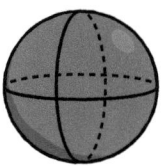

bola

كرة

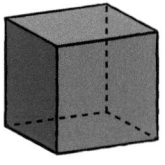

kubus

مكعب

putih

أبيض

kuning

أصفر

oranye

برتقالي

pink

وردي

merah

أحمر

ungu

بنفسجي

biru

ازرق

hijau

أخضر

coklat

بنّي

abu-abu

رمادي

hitam

أسود

banyak / sedikit

كثير / قليل

marah / tenang

غضبان / هادئ

cantik / jelek

جميل / قبيح

mulaih / selesai

بداية / نهاية

besar / kecil

كبير / صغير

terang / gelap

فاتح / قاتم

saudara laki-laki / saudara
perempuan

أخ / أخت

bersih / kotor

نظيف / وسخ

lengkap / tidak lengkap

كامل / ناقص

hari / malam

نهار / ليل

mati / hidup

ميت / حيّ

luas / sempit

عريض / ضيّق

dapat dimakan / tidak dapat
dimakan

صالح للأكل / غير صالح

jahat / baik

شرّير / لطيف

bersemangat / bosan

مثير / ممل

gemuk / kurus

سمين / نحيف

pertama / terakhir

أولًا / أخيرًا

teman / musuh

صديق / عدو

penuh / kosong

مليء / فارغ

keras / lembut

صلب / لَين

berat / enteng

ثقيل / خفيف

lapar / haus

جوع / عطش

sakit / sehat

مريض / صحيح

ilegal / legal

غير شرعي / شرعي

cerdas / bodoh

ذكي / غبي

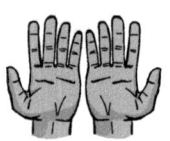

kiri / kanan

يسار / يمين

dekat / jauh

قريب / بعيد

baru / bekas

جديد / مستعمل

tidak ada apapun / sesuatu

لا شيء / بعض الشيء

tua / muda

مسين / شاب

nyala / mati

يشعل / يطفئ

buka / tutup

مفتوح / مغلق

tenang / keras

خافت / عالٍ

kaya / miskin

غني / فقير

benar / salah

صح / خطأ

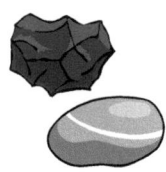

kasar / halus

أحرش / املس

sedih / gembira

حزين / سعيد

pendek / panjang

قصير / طويل

pelan-pelan / cepat

بطيء / سريع

basah / kering

مبلول / جاف

hangat / sejuk

ساخن / بارد

perang / damai

حرب / سلم

0

nol

صفر

1

satu

واحد

2

dua

اثنان

3

tiga

ثلاثة

4

empat

أربعة

5

lima

خمسة

6

enam

ستة

7

tujuh

سبعة

8

delapan

ثمانية

9

sembilan

تسعة

10

sepuluh

عشرة

11

sebelas

أحد عشر

12
duabelas

اثنا عشر

13
tigabelas

ثلاثة عشر

14
empatbelas

أربعة عشر

15
limabelas

خمسة عشر

16
enambelas

ستة عشر

17
tujuhbelas

سبعة عشر

18
delapanbelas

ثمانية عشر

19
sembilanbelas

تسعة عشر

20
duapuluh

عشرون

100
seratus

مائة

1.000
seribu

ألف

1.000.000
juta

مليون

Inggris

الإنكليزية

bahasa Inggris Amerika

الإنكليزية الأمريكية

bahasa Cina Mandarin

لغة ماندارين الصينية

bahasa Hindi

الهندية

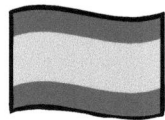

bahasa Spanyol

الإسبانية

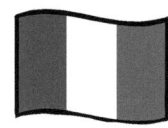

bahasa Perancis

الفرنسية

bahasa Arab

العربية

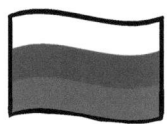

bahasa Rusia

الروسية

bahasa Portugis

البرتغالية

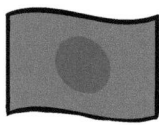

bahasa Bengal

البنغالية

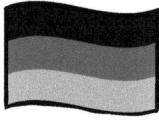

bahasa Jerman

الألمانية

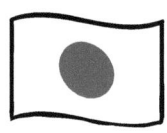

bahasa Jepang

اليابانية

saya

أنا

kamu

أنت

dia

هو / هي

kita

نحن

kalian

أنتم

mereka

هم

siapa?

من؟

apa?

ماذا؟

begaimana?

كيف؟

dimana?

أين؟

kapan?

متى؟

nama

اسم

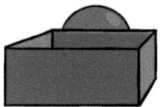

dibelakang

خلف

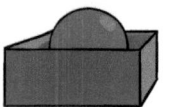

di

في

didepan

أمام

diatas

فوق

diatas

على

dibawah

تحت

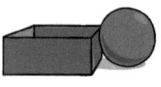

sebelah

جنب

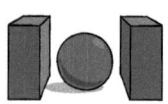

di antara

بين

tempat

مكان

saya

أنا

kamu

أنت

dia

هو / هي

kita

نحن

kalian

أنتم

mereka

هم

siapa?

من؟

apa?

ماذا؟

begaimana?

كيف؟

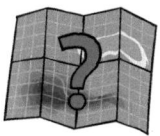

dimana?

أين؟

kapan?

متى؟

nama

اسم

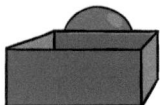

dibelakang

خلف

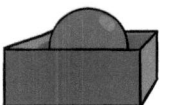

di

في

didepan

أمام

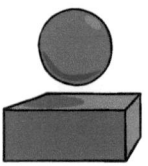

diatas

فوق

diatas

على

dibawah

تحت

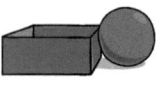

sebelah

جنب

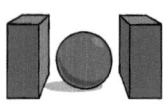

di antara

بين

tempat

مكان